DRESSAGE DU SOLDAT

AU

SERVICE EN CAMPAGNE

ET

AU COMBAT EN ORDRE DISPERSÉ

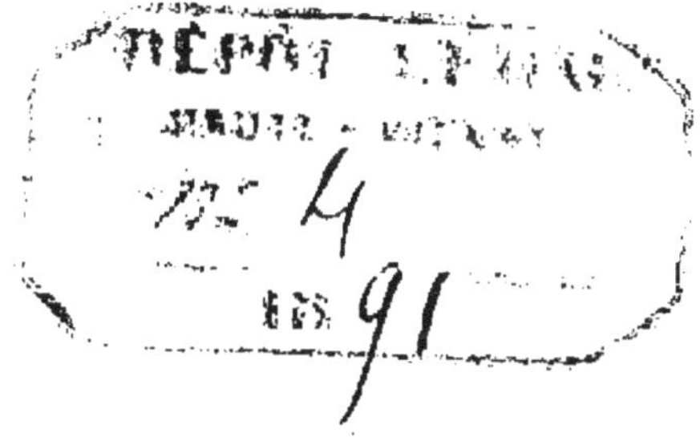

DRESSAGE DU SOLDAT

AU

SERVICE EN CAMPAGNE

ET

AU COMBAT EN ORDRE DISPERSÉ

Par A.-B. FAURIE

CAPITAINE BREVETÉ AU 66e D'INFANTERIE

PARIS | LIMOGES
11, Place Saint-André-des-Arts | 46, Nouvelle Route d'Aixe, 46

HENRI CHARLES-LAVAUZELLE

Editeur militaire.

1891

PRÉFACE

Ce Manuel s'adresse exclusivement au *soldat* : c'est son dressage qu'on a eu en vue dans toutes les circonstances qui peuvent se présenter à la guerre : *éclaireur, homme de communication, sentinelle double, patrouilleur, tirailleur.*

On y chercherait donc inutilement ce qui est relatif aux devoirs du chef du petit poste, du chef de la pointe, etc., etc. Assez de livres s'adressent aux gradés : ici, on le répète, il ne s'agit que du dressage de *l'homme de troupe,* dont l'instruction est à la fois chose si difficile et si intéressante.

Une partie de ce Manuel a été particulièrement développée, à cause de sa grande importance : elle traite des *patrouilles rampantes ;* on ne s'en occupe pas en général, et on ne sait vraiment pourquoi, car ce service est, à la guerre, d'une application fréquente. C'est pour ce motif qu'on a cru devoir entrer dans quelques détails que ne donne pas l'Instruction sur le service de l'infanterie en campagne.

Il est à peine besoin de dire que ce Manuel n'a pas pour but de faciliter les théories dans les chambres ; car s'il est un dressage qui doive être fait sur le terrain varié, c'est celui dont nous nous occupons ici : et plus le terrain sera varié, accidenté, plus ce dressage aura été fait dans de bonnes conditions. Si l'on a adopté la forme par demandes et réponses, c'est qu'elle est plus simple pour instruire les hommes et qu'en s'adressant personnellement à eux, on éveille et on retient leur attention. C'est donc sur le terrain que cette instruction sera donnée, et le présent Manuel n'a pas d'autre but que de faciliter la tâche aux instructeurs, qui, avec son aide, ne craindront pas de donner à leurs soldats des notions inutiles, puisque les hommes doivent connaitre tout ce que ce Manuel renferme.

Ajoutons, en terminant, que si les hommes, au moment de leur libération, emportent dans leurs foyers ce petit livre, ils ne risqueront pas d'oublier en quelques mois ce que leurs instructeurs auront eu tant de peine à leur apprendre. A tous ces points de vue, nous croyons rendre service à nos camarades de l'armée en faisant cette publication.

A. Faurie.

PREMIÈRE PARTIE

DRESSAGE DU SOLDAT

AU SERVICE EN CAMPAGNE

I

Orientation. — Indices. — Fanions.

Orientation.

1. *A quoi sert l'orientation ?*

Elle sert à se reconnaitre et à se diriger en pays inconnu, soit de jour, soit de nuit.

1. Au moyen du soleil.

2. *Qu'est-ce que le sud ou midi?*

C'est le point où se trouve le soleil quand il est midi.

3. *Où se trouve le nord ?*

Le nord se trouve juste à l'opposé du midi, de sorte que quand on tourne le dos au sud, on a le nord devant soi.

4. *Pourquoi est-il nécessaire de connaître le nord et le sud?*

Parce que ces deux points ne changent jamais sur le terrain et peuvent servir à s'orienter.

5. *Donnez un exemple.*

On peut dire à un soldat qui part du pont du Menneton : « Vous irez au village de Joué qui est situé au sud de ce pont. » Si le soldat sait bien la direction du sud, il ne courra pas le risque de s'égarer (carte des environs de Tours).

6. *Y a-t-il sur le terrain d'autres points qui sont fixes?*

Oui, ce sont l'est (ou levant) et l'ouest (ou couchant).

7. *Pourquoi les appelle-t-on ainsi?*

Parce que ce sont les points où le soleil se lève et se couche.

8. *Comment les trouve-t-on sur le terrain ?*

De la façon suivante : quand on a le nord devant soi, on a le levant à sa droite et le couchant à sa gauche (quand on fait face au sud, le soleil marche de la gauche à la droite de l'observateur).

9. *Comment s'appellent ces quatre points?*

On les appelle les quatre points cardinaux.

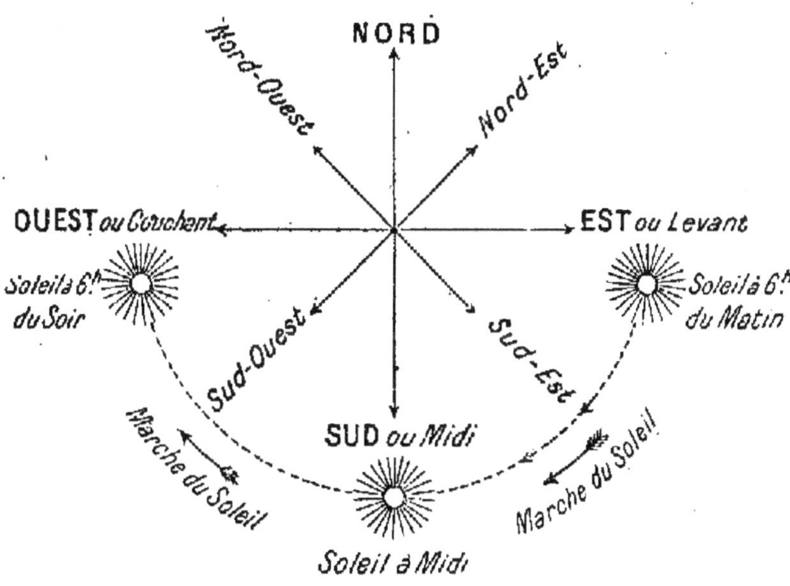

10. *Comment reconnaît-on ces points sur le terrain?*

Si le soleil parait, c'est très simple. A 6 heures du matin, le soleil est à l'est, à midi il est au sud ; à 6 heures du soir, il est à l'ouest.

11. *Et si le soleil ne paraît pas, comment fait-on ?*

On interroge les habitants, qui peuvent toujours indiquer l'endroit où le soleil se lève et où il se couche.

2. Au moyen des girouettes.

12. *Y a-t-il encore d'autres moyens de s'orienter ?*

On peut encore remarquer sur les châteaux et sur certaines maisons des girouettes qui indiquent le sud et le nord.

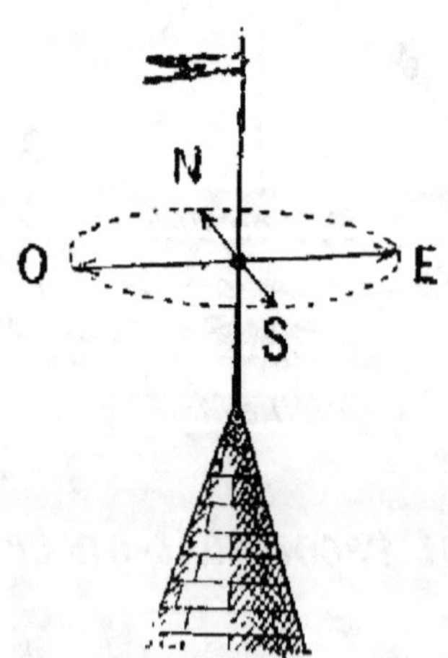

3. Au moyen des églises.

13. *Y a-t-il encore un autre moyen?*

On peut se servir des églises de village. La porte d'entrée est presque toujours placée du côté du couchant et l'autel du côté du levant. De sorte que si on entre dans l'église et qu'on se place de façon à avoir la porte à sa gauche et l'autel à sa droite, on a le nord devant soi.

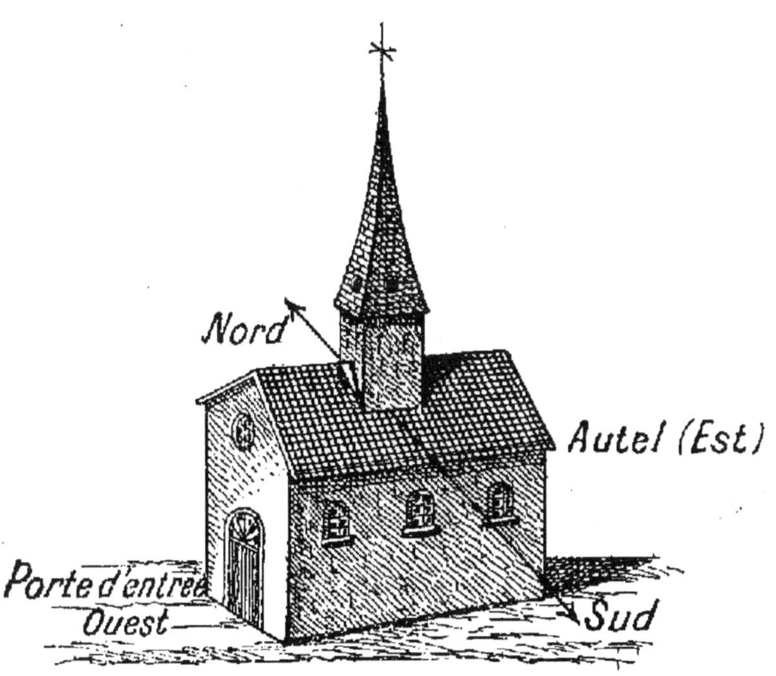

4. Au moyen de l'étoile polaire.

14. *Comment s'oriente-t-on la nuit ?*

Au moyen de l'étoile polaire qui est toujours au nord.

15. *Comment trouvez-vous l'étoile polaire ?*

Il faut, bien entendu, que les étoiles soient apparentes. On cherche d'abord la Grande Ourse ; c'est une constellation formée par sept étoiles très brillantes dont quatre sont disposées en carré et les trois autres forment une espèce de queue. On tire une ligne par les deux étoiles les plus éloignées des cinq autres, on compte cinq fois la distance de ces étoiles et on rencontre l'étoile polaire.

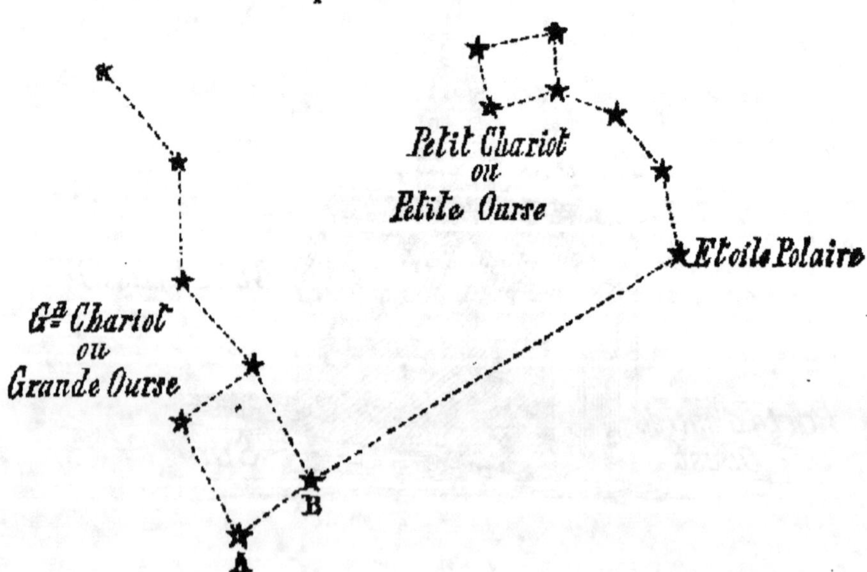

5. Au moyen de la lune.

16. *Comment vous orientez-vous quand la lune brille ?*

Pendant la pleine lune, la lune se trouve au sud à minuit, elle se trouve à 6 heures du soir à l'est, à 6 heures du matin à l'ouest.

Elle marche donc en sens contraire du soleil.

Pendant le premier quartier, elle est à l'ouest à minuit et au sud à 6 heures du soir.

Pendant le dernier quartier, elle est à l'est à minuit et au sud à 6 heures du matin.

17. *Quand reconnaissez-vous que la lune croît ou décroît ?*

Quand la lune croît, elle a la forme d'un D.

Quand la lune décroît, elle a la forme d'un C ; on peut donc dire que la lune est une « blagueuse ».

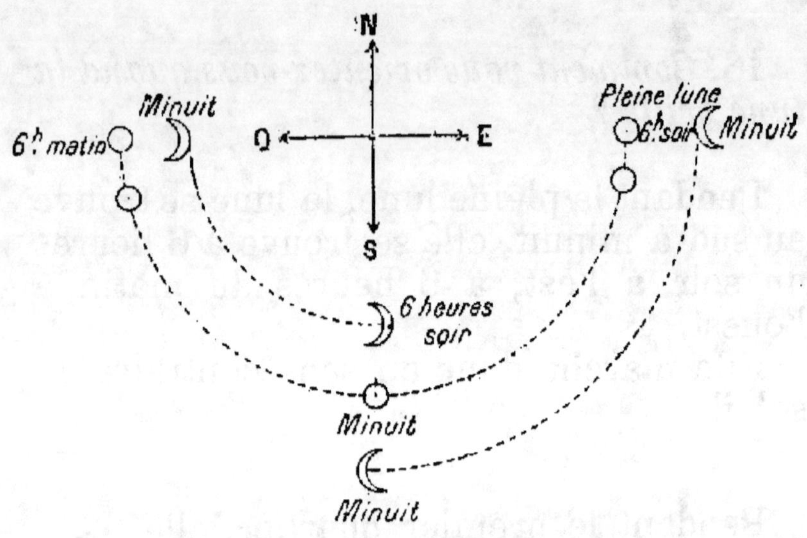

6. Au moyen des arbres, pierres, etc.

18. *Comment vous orientez-vous au moyen des arbres, des pierres, etc. ?*

Dans nos contrées, comme le nord-ouest est le côté le plus exposé au vent, l'écorce des arbres est plus rude et plus épaisse de ce côté. Les constructions en maçonnerie sont plus humides, la mousse des rochers plus abondante. Enfin, les vieux poteaux, les croix funéraires penchent vers le sud-est, par suite de l'action continue du vent.

7. Au moyen de la boussole.

19. *Mais quel est le procédé le plus sûr pour s'orienter?*

Ce sera la boussole, dont l'aiguille aimantée donne sensiblement la direction nord-sud. La pointe bleue de l'aiguille est toujours tournée vers la direction nord.

20. *Dans quel cas sera-t-on absolument forcé de se servir de la boussole?*

Quand on ne pourra pas se servir des moyens indiqués précédemment, par exemple dans un bois.

Indices.

1. *Les indices peuvent-ils être utiles en campagne?*

Oui, ils peuvent être très utiles, pour donner des notions sur la proximité de l'ennemi.

2. *Si les habitants des villages que l'on traverse paraissent inquiets, en pays français, et s'ils sont insolents, en pays ennemi, qu'est-ce que cela prouve?*

Cela prouve à peu près certainement que des troupes ennemies sont proches.

3. *Quand on voit des nuages de poussière s'élevant régulièrement au loin, qu'est-ce qu'on en conclut ?*

On en conclut que c'est une colonne en marche qui soulève cette poussière.

4. *Peut-on savoir à quelle arme appartient la colonne en marche?*

Oui, car la poussière est plus ou moins haute et épaisse suivant l'arme.

5. *Citez des exemples?*

Quand c'est de l'infanterie, la poussière reste basse.

Quand c'est de la cavalerie, la poussière est haute et légère.

Quand c'est de l'artillerie, la poussière est plus épaisse et présente des interruptions.

6. *Quand le soleil envoie des reflets nombreux et brillants qu'est-ce qu'on peut conclure?*

C'est que la colonne avance.

7. *Et si au contraire les reflets sont incertains, inégaux, passagers?*

La colonne se retire.

8. *Les feux de bivouac sont-ils de bons indices?*

Non, car l'ennemi allume souvent des feux pour dissimuler une retraite.

9. *Quand ces feux peuvent-ils cependant servir d'indices?*

Quand ils sont abandonnés, alors on peut connaître la force de l'ennemi qui a bivouaqué.

10. *Y a-t-il encore d'autres indices pour indiquer le passage des troupes?*

Le hennissement des chevaux, les aboiements prolongés des chiens dans un village, le roulement des voitures, le claquement des fouets, etc.

11. *Il y a-t-il encore un moyen de connaître la direction suivie par les colonnes ennemies et leur force?*

On observe avec soin les traces de pas, les empreintes laissées par les fers des chevaux ou les roues des voitures.

Fanions.

Général commandant un corps d'armée.

Fanion tricolore en forme de pavillon.

Lanterne avec verre blanc ou incolore.

Général commandant la 1re division d'infanterie d'un corps d'armée.

Fanion écarlate en forme de pavillon, divisé sur son milieu et dans sa hauteur par une bande blanche.

Lanterne avec verre rouge.

Général commandant la 2e division d'infanterie d'un corps d'armée.

Fanion écarlate en forme de pavillon, divisé dans sa hauteur par deux bandes blanches.

Lanterne avec verre rouge.

Général commandant la brigade d'artillerie d'un corps d'armée.

Fanion en forme de flamme, mi-parti écarlate et bleu de ciel ; l'écarlate au sommet, le bleu de ciel à la base.

Lanterne avec verre vert foncé.

Général commandant la brigade de cavalerie d'un corps d'armée.

Fanion en forme de flamme, mi-parti bleu de ciel et blanc, le bleu au sommet, le blanc à la base.

Lanterne avec verre vert foncé.

Ambulances.

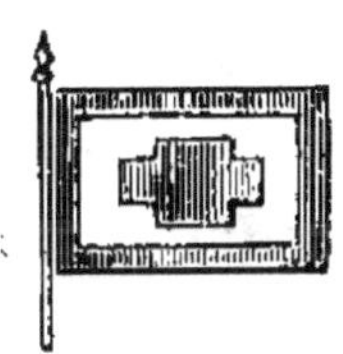

Fanion en forme de pavillon, fond blanc, bordé écarlate, avec croix de même couleur sur son milieu.

Deux lanternes dont une à verre rouge et l'autre à verre blanc.

Commandant en chef d'une armée.

Fanion tricolore en forme de pavillon, avec une cravate tricolore nouée au fer de lance de la hampe.

Lanterne avec verre blanc ou incolore.

Général commandant l'artillerie ou le génie d'une armée.

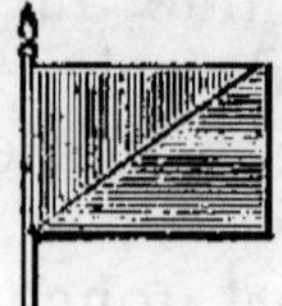

Fanion en forme de pavillon, écarlate et bleu de ciel assemblés en diagonale, le rouge au sommet et le bleu à la base.

Lanterne avec verre rouge.

Général commandant une division de cavalerie.

Fanion en forme de pavillon, bleu de ciel et blanc assemblés en diagonale, le bleu au sommet, le blanc à la base.

Lanterne avec verre rouge.

Général commandant un groupe de divisions de cavalerie.

Fanion en forme de pavillon, écarlate et blanc assemblés en diagonale, l'écarlate au sommet, le blanc à la base.

Lanterne avec verre blanc ou incolore.

Poste télégraphique.

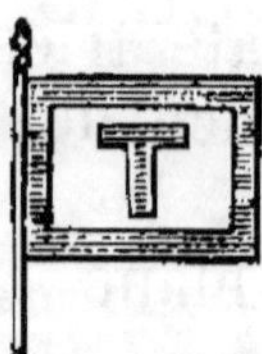

Fanion en forme de pavillon, bordure bleue sur fond blanc, T bleu en son milieu.

Lanterne avec verre incolore et bleu.

Section de munitions d'infanterie, caisson de bataillon, 1re, 2^e et 3^e sections de parc d'artillerie.

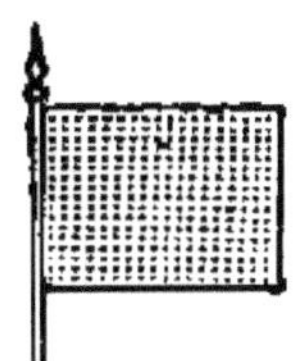

Fanion en forme de pavillon, de couleur jaune.

Lanterne avec verre jaune.

Section de munitions d'artillerie et 4^e section de parc d'artillerie.

Fanion en forme de pavillon, de couleur bleue.

Lanterne avec verre bleu.

II

Du mot d'ordre. — Cantonnements, Service dans les cantonnements. — Bivouacs.

Du mot d'ordre.

1. *Qu'est-ce que le mot?*

Le mot est l'ensemble de deux noms qui, chaque jour, sont communiqués aux avant-postes, pour se reconnaître et éviter les surprises.

2. *Comment s'appellent les deux noms qui composent le mot?*

Le premier s'appelle le *mot d'ordre* (nom d'un grand homme, d'un général célèbre, d'un brave mort au champ d'honneur), l'autre est le *mot de ralliement* (nom d'une bataille, d'une ville, d'une vertu civique ou guerrière).

3. *Donnez un exemple de ces deux mots.*

Turenne et *Tours*. Ordinairement ces deux mots commencent par la même lettre.

Cantonnements.

1. *Qu'entend-on par cantonnements?*

Les lieux habités que les troupes occupent sans y être casernées.

2. *Que fait la troupe qui arrive près d'un endroit où elle doit cantonner?*

Elle s'arrête à l'entrée et personne ne doit y pénétrer avant le retour du commandant du campement, qui est allé faire le logement.

3. *Quand les compagnies s'établissent-elles dans leurs cantonnements?*

Le colonel donne d'abord les ordres généraux aux capitaines et aux sergents-majors réunis. Ces ordres sont communiqués à la compagnie; puis les hommes, guidés par le fourrier, se dirigent sur les quartiers qui leurs sont assignés et s'établissent dans leurs cantonnements.

4. *Où est porté le drapeau?*

Au logis du colonel.

5. *Quels sont vos droits au cantonnement?*

J'ai droit à l'abri, au feu, à la lumière.

6. *Devez-vous être nourri par l'habitant?*

Non, à moins que le commandement n'en donne l'ordre.

7. *Comment reconnaissez-vous vos cantonnements?*

Au moyen de placards portant l'indication des fractions de la compagnie qui occupent la rue ou la maison.

8. *Où vous réunissez-vous, soit en cas d'alerte, soit au moment du départ?*

La compagnie se réunit à un endroit qui est indiqué par un placard portant « telle compagnie, lieu de rassemblement » et que l'on doit bien connaître.

9. *Que doit-on avoir soin de faire avant de quitter le cantonnement?*

On doit faire disparaître tous ces placards et effacer les inscriptions à la craie.

10. *Pourquoi?*

Afin de ne laisser aucun indice pouvant servir à l'ennemi.

Service dans les cantonnements.

11. *Par qui sont fixées les différentes heures de service ?*

Par le commandant du cantonnement.

12. *Peut-on faire des batteries ou des sonneries dans le voisinage de l'ennemi ?*

Non, les différents services sont faits sans sonnerie, aux heures fixées.

13. *Où se rassemble la fraction qui prend le service ?*

Au point indiqué dans l'ordre.

14. *Combien fait-on d'appels par jour ?*

Trois : le premier, demi-heure après le réveil ; le deuxième dans la journée, le troisième le soir, demi-heure après la retraite. Ils sont faits par les caporaux sous la surveillance des sous-officiers.

15. *Dans quelle tenue se fait l'appel de la journée ?*

En armes et sac au dos.

16. *Que font les hommes après l'appel du soir ?*

Ils ne peuvent plus quitter leurs cantonnements sans permission.

17. *A quoi devez-vous donner des soins particuliers ?*

Aux effets et aux armes. Je ne dois entamer mes vivres de réserve que quand l'ordre en est donné.

18. *Quelle attitude devez-vous avoir vis-à-vis de l'habitant ?*

En pays ennemi aussi bien qu'en pays ami, on ne doit rien exiger en dehors de ce que le règlement accorde, et l'on doit respecter les personnes et les propriétés.

19. *Si l'habitant fait des difficultés pour vous donner ce qui vous est dû ?*

Je m'adresse à mon caporal ou aux sous-officiers et aux officiers quand ils visitent les cantonnements, mais en aucun cas je ne dois être grossier avec les habitants.

20. *Quelle précaution devez-vous prendre le soir avant de vous coucher?*

Je dois faire mon paquetage de façon à pouvoir être prêt, la nuit, à la première alerte. Je place mes effets et mes armes près de moi.

21. *Comment se fait l'ordinaire?*

Par compagnie, mais la nourriture est préparée par escouade.

22. *Comment est composée la garde de police d'un régiment?*

Ordinairement d'une section de la compagnie de jour.

23. *Quelle est la mission de la garde de police?*

Elle doit assurer l'ordre dans le cantonnement et faire observer les règles de police. Elle reçoit les hommes punis.

24. *En cas de départ, que devient la garde de police?*

Elle reprend sa place dans la compagnie ; les hommes punis de salle de police rentrent à leur compagnie.

25. *Comment s'appelle le restant de la compagnie qui fournit la garde de police ?*

C'est le *piquet ;* il sert à fournir les détachements et les gardes extraordinaires.

26. *Les soldats du piquet peuvent-ils sortir du cantonnement ?*

Non, si ce n'est pour le service. Ils sont toujours habillés et équipés, et leurs sacs prêts à être chargés. Ils se couchent sans se déshabiller.

27. *Que devez-vous faire au signal général d'alerte ?*

Je dois sauter sur mes armes, me rassembler au reste de l'escouade sans cris ni tumulte, et rejoindre le point de rassemblement de la compagnie.

28. *Que doit-on exiger des habitants quand l'alerte est donnée ?*

Qu'ils restent dans les maisons, qu'ils ferment les portes et les fenêtres en laissant les volets ouverts et si c'est pendant la nuit, qu'ils éclairent leurs fenêtres.

29. *Quelle est la conduite à tenir si l'ennemi surprenait le cantonnement ?*

Il faudrait se rallier au chef le plus voisin ; on barricade les rues, on ferme l'entrée des cours, et les troupes cherchent à se rallier aux autres fractions de façon à pouvoir reprendre l'offensive.

Bivouacs.

1. *Qu'appelle-t-on bivouac ?*

L'endroit où les troupes s'établissent pour un séjour généralement très court sous des abris improvisés ou en plein air et, dans certains cas, sous la petite tente.

2. *Comment les troupes s'installent-elles au bivouac ?*

Comme il a été dit pour les cantonnements.

3. *Quand il y a des maisons près des bivouacs, peut-on s'y installer ?*

Non, si ce n'est avec l'autorisation

expresse du commandant du bivouac. Les officiers doivent bivouaquer avec les troupes.

4. *Qu'appelle-t-on poste de discipline?*

C'est un petit poste détaché à 100 mètres en avant du front et chargé de surveiller les hommes punis.

5. *En cas de marche, que devient le poste de discipline?*

Il rentre à sa compagnie à moins qu'il n'y ait des hommes punis de prison; dans ce cas, il les prend sous sa surveillance.

6. *Quels sont vos devoirs en cas d'alerte?*

Je dois m'équiper à la hâte et dans le plus grand silence, me porter aux faisceaux, mais je ne dois les rompre que quand l'ordre en est donné.

7. *A quoi reconnaît-on qu'une compagnie est bien disciplinée?*

A l'ordre et au silence qui règnent dans toutes les fractions de la compagnie, au calme que montrent les hommes, à la confiance qu'ils ont en eux-mêmes, en leurs camarades et en leurs chefs.

8. *Quelles défenses fait-on pour éviter toute fausse alarme dans un bivouac?*

Il est rigoureusement interdit de tirer des coups de feu dans les environs et de pousser des cris autres que ceux prescrits pour la reconnaissance des rondes et des patrouilles.

III

Marches.

1. *Devez-vous toujours être prêt à partir, de jour comme de nuit?*

Oui, et dans ce but je dispose toujours mes armes, mes effets avec ordre et près de moi, de façon à les retrouver facilement.

2. *Avant de partir, à quoi devez-vous veiller?*

Je m'assure que je n'oublie rien, que j'ai bien les ustensiles de cuisine, mon outil portatif; j'éteins les feux, s'il y en a qui brûlent encore.

3. *Comment fait-on les rassemblements en campagne?*

Sans sonnerie, ni batterie, au moyen du sifflet.

4. *A quoi sont réservées les batteries et sonneries ?*

Au cas d'alerte.

5. *Quelle est ordinairement la vitesse de marche ?*

Une lieue à l'heure, haltes horaires comprises.

6. *Quand fait-on la grand'halte ?*

On ne la fait que lorsqu'il y a plus de quatre ou cinq heures de marche. Elle a lieu près d'un village, d'un cours d'eau, d'une fontaine. Les troupes font un léger repas de café ou de viande froide.

7. *Qu'appelle-t-on long repos et quand le fait-on ?*

Le long repos est une grand'halte de trois ou quatre heures qui a lieu quand la colonne fait une marche de 40 à 50 kilomètres.

8. *Que font les hommes pendant un long repos ?*

Ils font cuire des aliments et peuvent même dormir.

9. *Quelles sont les défenses faites pendant la marche?*

Il est défendu de tirer des coups de fusil, et de pousser aucun cri de « marche » ou de « halte ».

10. *Quelles précautions devez-vous prendre avant de partir, en prévision du cas où vous auriez soif en route?*

Je dois remplir mon bidon avec de l'eau mélangée de café et d'eau-de-vie.

11. *N'est-il pas préférable d'emporter du vin?*

Non, car le vin s'échauffe, s'aigrit et devient désagréable et malsain, tandis que du café coupé d'eau est une excellente boisson.

12. *Lorsque, en route, vous êtes forcé de vous arrêter, que devez-vous faire?*

Je dois en demander la permission, et laisser mon fusil à mon camarade.

13. *Comment sont réglées, en marche, les heures des repas?*

Quand on part après 9 heures du matin, on fait le principal repas avant de partir, on conserve généralement une partie de la viande pour la manger froide à la grand'halte.

14. *A qui rend-on les honneurs pendant la marche et les haltes ?*

On ne rend d'honneurs qu'au général en chef.

15. *Dès que vous êtes arrivé au gîte, à quoi devez-vous vous occuper ?*

On va à la distribution de la viande et des autres denrées et l'on fait le repas. Je nettoie mes armes et mes effets de façon à être prêt à partir au premier signal ; mais je ne démonte mon fusil que si l'ordre en est donné.

16. *Pourquoi ne démontez-vous votre arme que sur un ordre ?*

Pour que toutes les armes ne soient pas démontées à la fois, mais seulement une section sur deux, de façon que la moitié au moins des troupes soient toujours prêtes à faire feu.

IV

Service de sûreté en marche; instruction de l'extrême pointe d'avant-garde: Hauteurs, Bois, Défilés, Ponts, Maisons, Villages, Obstacles, Barricades, Isolés, Individus suspects, Rencontre de l'ennemi, Halte gardée.

Service de sûreté en marche.

1. *Comment une troupe en marche assure-t-elle sa sécurité?*

Au moyen d'une partie de son effectif qu'elle détache en avant, sur ses flancs et sur ses derrières. Pour ce motif, les différents échelons qu'elle détache s'appellent *avant-garde*, *flanc-garde* et *arrière-garde*.

2. *Quelle est la mission de l'avant-garde?*

L'avant-garde a pour mission : 1° de *protéger* le corps principal contre les surprises de l'ennemi et lui permettre de prendre ses dispositions de combat ; 2° de le *renseigner* sur les mouvements et la force de l'ennemi.

3. *Quelle est ordinairement la force de l'avant-garde ?*

Sa force est le tiers ou le quart du corps principal. Ainsi pour une compagnie isolée en marche, l'avant-garde sera ordinairement d'*une section.*

4. *L'avant-garde marche-t-elle concentrée en un seul détachement ?*

Non, l'avant-garde se subdivise elle-même en différents échelons qui marchent à une distance variable les uns des autres.

5. *Pourquoi l'avant-garde ne marche-t-elle pas en un seul détachement ?*

Dans le but de protéger à plus grande distance le corps principal contre les attaques de l'ennemi.

6. *Comment s'appellent les différents échelons de l'avant-garde et à quelle distance se trouvent-ils les uns des autres?*

Ces échelons s'appellent, en venant du côté de l'ennemi :

1° Les *éclaireurs* commandés par un caporal, puis 2° à 50 mètres en arrière, un *homme de communication.*

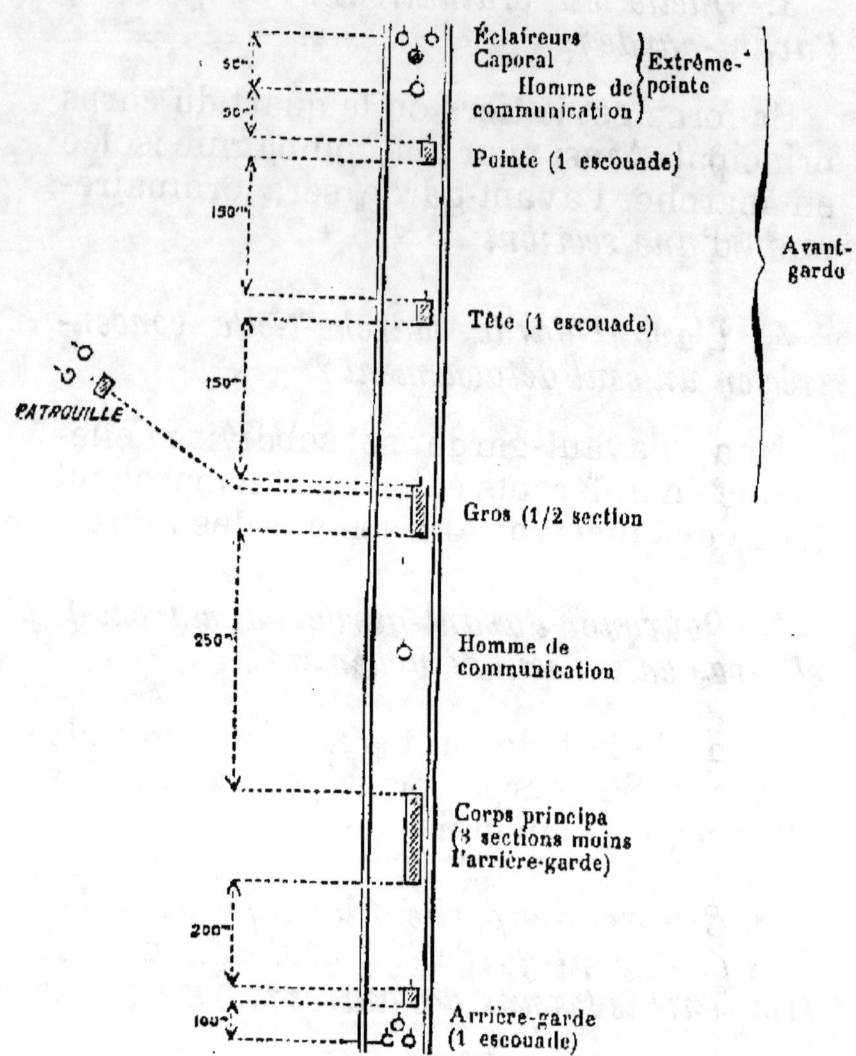

Ces 4 hommes s'appellent l'*extrême pointe*;

3° La *pointe* (une escouade) qui marche à 50 mètres de l'extrême pointe ;

4° La *tête* (une escouade) qui marche à 150 mètres de la pointe;

5° Le *gros* (une demi-section) qui marche à 150 mètres de la tête.

Le corps principal (formé de trois sections) marche à 250 mètres de l'avant-garde, enfin à 200 mètres du corps principal marche l'arrière-garde (une escouade).

7. *Les distances qui viennent d'être indiquées sont-elles invariables?*

Non, car suivant que le terrain est plus ou moins couvert, ces distances peuvent être augmentées ou diminuées.

Instruction de l'extrême-pointe d'avant-garde.

8. *Quelle est la mission des éclaireurs de l'extrême-pointe?*

Ils doivent examiner avec soin le terrain du côté de l'ennemi et observer tout ce qui se passe.

9. *Comment marchent-ils?*

A même hauteur, l'un sur chaque côté de la route; le caporal les suit.

10. *A quoi sert l'homme de communication qui marche en arrière du caporal ?*

L'homme de communication doit rester constamment en relation avec le caporal et la pointe qui marche en arrière, de façon à avertir et à transmettre les renseignements.

11. *Que fait l'homme de communication à un tournant de route ou au sommet d'une côte ?*

L'homme de communication doit rester en arrière pour avertir dans le cas où on serait surpris par l'ennemi ; il ne se met en route que lorsque la pointe est près de le rejoindre et va s'engager dans la nouvelle direction.

12. *S'il se présente un embranchement, que fait le chef de la pointe ?*

Le chef de la pointe s'assure que l'ennemi ne le menace pas dans cette direction. Pour cela, il envoie une patrouille de trois hommes reconnaître le chemin jusqu'à 200 ou 300 mètres. Pendant la reconnaissance de la patrouille la pointe s'arrête jusqu'à ce que la patrouille soit rentrée.

Hauteurs.

13. *Que font les éclaireurs lorsqu'ils arrivent à portée d'une colline ou d'un pli de terrain?*

Un des éclaireurs gravit seul la pente et s'arrête avant d'arriver à la crête, de manière à voir sans être vu. Il a soin d'enlever son képi. L'autre éclaireur et le caporal suivent à peu de distance.

Bois.

14. *Que font les éclaireurs quand ils rencontrent un bouquet de bois?*

Les éclaireurs le contournent extérieurement l'un à droite, l'autre à gauche, le caporal traverse le bois.

15. *Que font-ils quand ils sont arrivés à la lisière d'un bois?*

Ils observent les environs dans la direction de l'ennemi.

16. *Que font les éclaireurs et le caporal quand le bois est assez étendu?*

Les éclaireurs le traversent, le caporal les suit de près et l'homme de communication se tient prêt à aller rendre compte.

17. *Si le bois est très étendu ou qu'on suppose qu'il est imprudent de s'y engager?*

Le chef de la pointe le fait contourner à droite et à gauche par des patrouilles qui prennent position et surveillent ; c'est alors seulement que les éclaireurs pénètrent dans le bois.

18. *Si le bois est trop étendu pour que la pointe puisse le reconnaître, que fait-on?*

C'est le chef de la tête ou du gros de l'avant-garde qui se charge de faire faire la reconnaissance.

Défilés.

19. *Qu'est-ce qu'un défilé?*

C'est un passage resserré entre deux obstacles, par exemple une route encaissée entre deux pentes très raides.

20. *Que font les éclaireurs lorsqu'ils rencontrent un défilé?*

Ils s'y engagent sans hésiter et sans perdre de temps.

21. *Que fait pendant ce temps le chef de la pointe?*

Il fait reconnaître les alentours par des patrouilles, pour s'assurer que l'ennemi n'y est pas embusqué.

22. *Si l'ennemi est signalé, que fait le chef de la pointe?*

Il franchit rapidement le défilé et s'établit sur la position la plus favorable pour s'assurer la position du défilé.

23. *Que font les éclaireurs quand le défilé est encaissé ?*

Les éclaireurs montent à droite et à gauche sur la droite du talus en dépassant le sommet seulement de la tête ; ils observent le terrain ; le caporal et l'homme de communication restent sur la route.

Ponts.

24. *Que font les éclaireurs en atteignant un pont?*

Ils recherchent s'il existe des traces de travail récent faisant supposer que l'ennemi veut faire sauter le pont.

25. *Que font-ils après avoir franchi le pont?*

Ils observent avec soin les environs.

Maisons.

26. *Quand les éclaireurs arrivent près d'une maison, quelle est leur première précaution?*

C'est de s'assurer que l'ennemi n'occupe pas les murs extérieurs, puis ils s'emparent de l'entrée et cherchent à voir dans l'intérieur.

27. *Qui pénètre dans la maison?*

Les éclaireurs et le caporal.

28. *Que fait pendant ce temps l'homme de communication?*

Il garde l'entrée et surveille l'extérieur.

29. *Comment fouille-t-on une maison?*

On s'empare du propriétaire, puis on le force à ouvrir les portes.

30. *Dans quel ordre fouille-t-on la maison?*

On commence par le rez-de-chaussée, puis on continue en visitant les cours, les dépendances (écuries, jardins, hangars), enfin les étages et les greniers.

31. *Où se tient le caporal?*

Au rez-de-chaussée.

32. *Que fait l'homme de communication pendant ce temps?*

Il redouble de vigilance sur le voisinage de la maison pour empêcher toute surprise.

Villages.

33. *Que font les éclaireurs en arrivant près d'un village?*

Ils cherchent à s'emparer d'un habitant pour avoir des renseignements sur l'ennemi.

34. *Si les éclaireurs ne peuvent pas s'emparer d'un habitant, que font-ils?*

Ils traversent le village avec précaution et restent en relation constante avec l'homme de communication.

35. *Si l'ennemi n'est pas signalé, que font les éclaireurs?*

Les éclaireurs, après avoir traversé le village, prennent position à la sortie du village.

36. *Et si, au contraire, l'ennemi est signalé?*

Le chef de la pointe fait prévenir le commandant de la tête et s'établit sur une position d'où il continue à observer. Il y attend du renfort.

37. *Que font les éclaireurs quand ils arrivent près d'un village pendant la nuit?*

Ils se glissent en silence jusqu'aux premières maisons, puis ils s'arrêtent et écoutent. L'un d'eux cherche à pénétrer dans une maison afin d'interroger les habitants; au besoin il en emmène un avec lui.

Obstacles, barricades.

38. *Que font les éclaireurs quand ils trouvent la route barrée par un obstacle ?*

Ils s'assurent que l'ennemi n'occupe pas cet abri.

39. *Que fait alors le chef de la pointe ?*

Il cherche à tourner l'obstacle et à rétablir le passage; s'il ne le peut pas, il prévient le chef de la tête.

Isolés.

40. *Les éclaireurs peuvent-ils se laisser dépasser par des personnes allant du côté de l'ennemi ?*

Jamais.

41. *A qui ces personnes sont-elles envoyées ?*

Au chef de la pointe, à qui on envoie aussi celles venant du côté de l'ennemi.

Individus suspects.

42. *Que fait-on des individus suspects?*

Ils sont arrêtés.

Rencontre de l'ennemi.

43. *Que font les éclaireurs qui remarquent la présence de l'ennemi?*

Ils doivent prévenir le caporal par le signal convenu, se cacher et éviter de tirer.

44. *Lorsque les éclaireurs aperçoivent distinctement l'ennemi, doivent-ils pour cela faire arrêter les autres fractions de l'avant-garde?*

Non, le reste de l'avant-garde continue à marcher et c'est au chef du gros à donner le signal de halte, s'il le juge utile. Sans cela, l'avant-garde serait arrêtée à chaque instant parce qu'un éclaireur aurait vu ou cru voir l'ennemi.

Halte gardée.

45. *Que font les éclaireurs quand l'avant-garde reçoit l'ordre de prendre ses dispositions pour une halte gardée?*

Ils se portent d'eux-mêmes, sans autre avertissement, sur les points du terrain d'où ils peuvent le mieux observer et qui sont à leur portée.

V

Service de sûreté en station, Devoirs des sentinelles doubles, Parlementaires, Déserteurs, Cas d'attaque par l'ennemi, Rondes. — Patrouilles, Marche des patrouilles, Petites expéditions des patrouilles rampantes, Enclos, Chemins creux, Ravins. Pont, Bouquet d'arbres, Gués, Sentinelles ennemies. Surprendre et enlever une sentinelle ennemie. — Petits postes de quatre hommes (dits postes à la Cosaque).

Service de sûreté en station.

1. *Quand une troupe est cantonnée ou campée, comment assure-t-elle sa sécurité ?*

Au moyen d'une partie de son effectif qu'elle détache en avant et qu'on appelle les *avant-postes*.

2. *Quelle est la mission des avant-postes ?*

Les avant-postes ont pour mission : 1° de *protéger* la troupe qu'ils couvrent contre les surprises de l'ennemi et lui permettre de prendre ses dispositions de combat ; 2° de *la renseigner* sur les mouvements et la force de l'ennemi.

3. *Quelle différence y a-t-il entre la mission des avant-postes et la mission de l'avant-garde ?*

Il n'y a aucune différence, seulement les avant-postes protègent une troupe au repos tandis que l'avant-garde protège une troupe en marche.

4. *Comment sont disposées en général les troupes qui sont aux avant-postes ?*

Elles sont sur trois lignes dans l'ordre suivant :

1° Une ligne de sentinelles doubles ;
2° Des petits postes, à 2 ou 300 mètres des sentinelles doubles ;
3° Des grand'gardes, à 500 mètres des petits postes.

5. *A quoi servent les sentinelles doubles ?*

Elles sont placées en première ligne pour observer l'ennemi et avertir de ses mouvements.

6. *A quoi servent les petits postes ?*

Les petits postes fournissent les sentinelles doubles et les soutiennent.

7. *A quoi servent les grand'gardes?*

Elles renforcent et recueillent au besoin les petits postes.

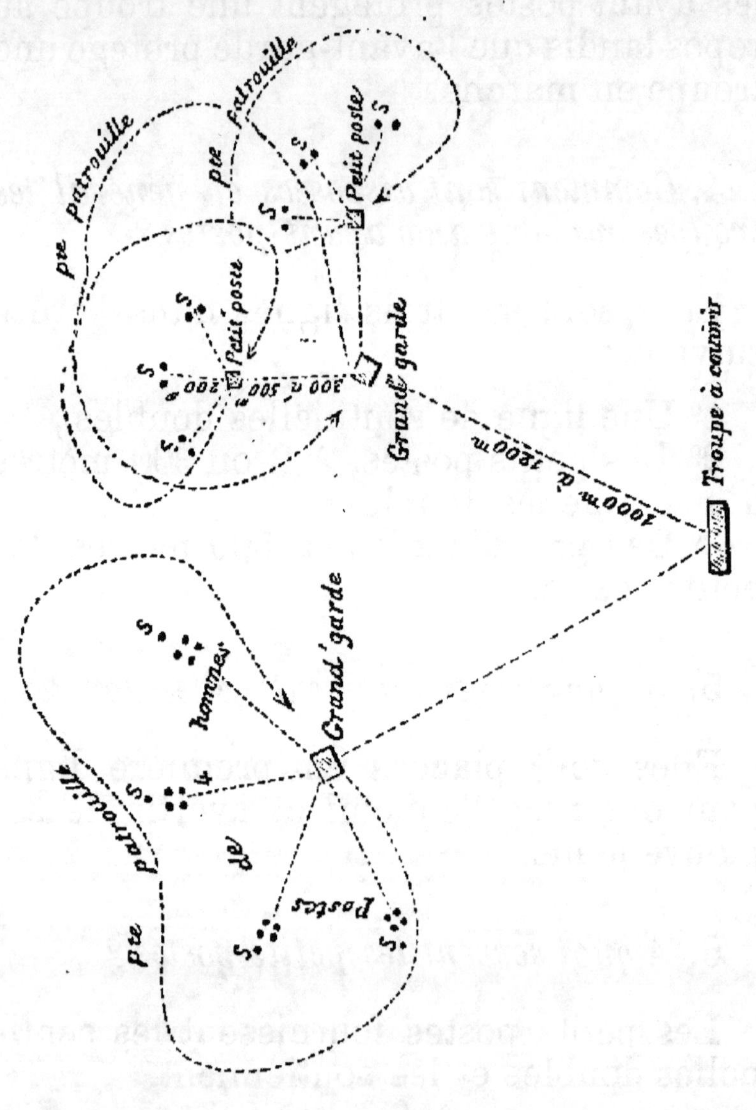

8. *A quoi servent les rondes?*

Les rondes ont pour mission de s'assurer que le service est bien fait sur la ligne des sentinelles et des petits postes.

9. *A quoi servent les patrouilles?*

Les patrouilles sont de petits détachements envoyés au delà de la ligne des sentinelles pour explorer le terrain et observer l'ennemi.

Devoirs des sentinelles doubles.

10. *Qu'appelle-t-on sentinelles doubles ?*

Ce sont deux soldats que l'on met ensemble en faction, en première ligne, du côté de l'ennemi, pour observer.

11. *Quel est le premier devoir des sentinelles doubles?*

C'est de voir du côté de l'ennemi.

12. *Sur quels points sont-elles placées ?*

Elles sont placées sur des points d'où elles puissent bien découvrir le terrain alentour et voir au loin.

13. *Comment place-t-on les sentinelles pour que l'ennemi ne puisse pas passer au travers et surprendre la troupe en arrière ?*

On les place de façon que deux groupes voisins puissent s'apercevoir l'un l'autre.

14. *Et si le terrain ne permet pas de les placer de façon qu'elles se voient, que fait-on ?*

L'une des deux sentinelles se promène sur la ligne et fait la navette entre les deux groupes de sentinelles.

15. *Les sentinelles doubles peuvent-elles se cacher ?*

Oui, elles peuvent et même doivent se cacher; mais, tout en étant cachées, elles doivent pouvoir observer du côté de l'ennemi.

16. *Si les sentinelles, en se cachant, ne voyaient pas du côté de l'ennemi, devraient-elles se cacher ?*

Non ; dans ce cas, il vaudrait mieux se découvrir et voir, car, *avant tout,* il faut qu'elles puissent voir au loin.

17. *Comment sont placées les sentinelles pendant la nuit?*

On les rapproche des petits postes en arrière, et on les met dans des lieux bas, parce que de la sorte, elles voient mieux l'ennemi qui se détache sur le ciel et qu'on les voit moins que sur une hauteur.

18. *Comment, pendant la nuit, les sentinelles sont-elles certaines qu'elles sont toujours tournées dans la même direction, du côté de l'ennemi?*

Elles choisissent un point de repère bien apparent devant elles, tel qu'un arbre, un rocher, une maison, et elles ont soin de toujours lui faire face, en observant toujours de ce côté.

19. *Quand relève-t-on les sentinelles?*

Toutes les deux heures ou toutes les heures (pendant l'hiver).

20. *Relève-t-on les deux sentinelles ensemble?*

Non, on n'en relève qu'une à la fois, afin que la sentinelle qui reste connaisse déjà le terrain et le fasse connaître à son camarade.

21. *Comment relève-t-on les sentinelles?*

La sentinelle qui va relever se rend directement sur la ligne, en choisissant des chemins dérobés pour n'être pas vue de l'ennemi.

22. *Par qui sont données les instructions et les consignes aux sentinelles?*

Par le chef du petit poste.

23. *Comment les consignes sont-elles transmises?*

Chaque sentinelle les transmet à celle qui la relève, avec les indications sur l'ennemi qu'elle a pu recueillir pendant sa faction.

24. *Quand les sentinelles voient arriver un supérieur, lui rendent-elles les honneurs?*

Jamais.

25. *Pourquoi cela?*

Pour ne pas se laisser distraire de leur surveillance et pouvoir rester attentives de l'œil et de l'oreille.

26. *Peuvent-elles déposer leur sac, s'asseoir, se coucher?*

Non.

27. *Ont-elles leur arme chargée?*

Oui, mais elles ne font feu que si elles aperçoivent distinctement l'ennemi ; alors, elles n'hésitent pas et tirent pour avertir le petit poste en arrière.

28. *Si elles voient quelqu'un qui cherche à franchir la ligne des sentinelles?*

Elles avertissent de ne pas passer et, si on ne tient pas compte de cet avertissement, elles font feu.

29. *Que font les sentinelles la nuit, quand elles entendent approcher quelqu'un?*

Les sentinelles crient : « Halte-là ! » ; si l'on s'arrête, elles crient : « Qui vive ? » Si l'on répond : « France, ronde ou patrouille ! », elles crient : « Avance au ralliement ! »

30. *Si après avoir crié une première fois « Halte-là ! » on ne s'arrête pas, que fait la sentinelle?*

Elle crie une seconde fois : « Halte-là ! » et si, après ce second cri, on ne s'arrête pas, la sentinelle fait feu.

31. *Si, après avoir crié « Avance au ralliement », le chef de la troupe ne s'avance pas seul, que fait la sentinelle?*

Elle fait feu.

32. *S'il s'avance seul, mais ne donne pas le mot de ralliement, ou ne fait pas le signal de reconnaissance convenu?*

La sentinelle fait feu.

33. *Que fait la sentinelle après avoir tiré?*

Elle se replie en combattant, si c'est nécessaire et elle fait un circuit par des chemins détournés, pour ne pas attirer l'ennemi directement sur le petit poste.

34. *Comment doit être donné le mot?*

A voix basse, pour ne pas être entendu de l'ennemi.

35. *Comment fait-on pour empêcher tout bruit et tout mouvement inutiles sur la ligne des sentinelles?*

On remplace les cris de « Halte-là ! Qui vive ! Avance au ralliement ! » par des signaux; comme, par exemple, frapper trois fois sur la cartouchière. La sentinelle fait la première le signal et on lui répond par un autre signal convenu.

36. *Quelle est la consigne au sujet des personnes qui veulent franchir la ligne des sentinelles doubles?*

En principe, personne ne doit sortir des lignes sans autorisation. On ne laisse sortir que les officiers et les détachements envoyés à un service, les militaires isolés et les personnes étrangères à l'armée, munies d'un laissez-passer ou d'un ordre et qui sont accompagnés par un homme du petit poste.

37. *Quelle est la consigne pour des personnes isolées qui demandent à franchir la ligne des sentinelles?*

Les sentinelles les arrêtent et font prévenir le petit poste soit par un camarade de faction, soit au moyen d'un signal.

38. *Que fait-on la nuit pour une troupe qui veut franchir la ligne des sentinelles?*

La sentinelle l'arrête et fait prévenir le petit poste.

Parlementaires.

39. *Qu'est-ce qu'un parlementaire?*

C'est habituellement un officier porteur de dépêches et envoyé par l'ennemi au commandant de la troupe que l'on couvre.

40. *Comment reconnaît-on un parlementaire?*

Il est porteur d'un drapeau blanc et accompagné d'un trompette.

41. *Que fait-on quand un parlementaire se présente?*

La sentinelle l'arrête en dehors des lignes et lui fait tourner le dos au petit poste, puis elle fait prévenir le petit poste.

42. *Peut-on parler à un parlementaire?*

Non, toute conversation est expressément défendue.

Déserteurs.

43. *Que fait-on quand des déserteurs se présentent?*

La sentinelle leur dit ou leur fait signe de déposer leurs armes; s'ils sont à cheval, d'en descendre et de dessangler leurs chevaux.

44. *Et s'ils n'obéissent pas?*

La sentinelle fait feu sur eux.

Cas d'attaque par l'ennemi.

45. *Que doivent faire les sentinelles doubles lorsqu'une troupe ennemie approche ?*

L'un des deux hommes court avertir le petit poste, tandis que l'autre continue à observer en se dissimulant le plus possible.

46. *Quel est le devoir des sentinelles doubles si l'ennemi continue à avancer?*

C'est de résister sur place, en cherchant à l'arrêter; si elles ne peuvent pas, elles se replient lentement sur le petit poste en le rejoignant par un circuit.

Rondes.

47. *Par qui sont faites les rondes ?*

Par un officier ou un sous-officier accompagné de deux ou trois hommes armés.

48. *Quel est le but des rondes ?*

Les rondes doivent s'assurer que le service est exactement fait sur la ligne des sentinelles et des petits postes.

49. *De quel côté de la ligne des sentinelles marchent les rondes ?*

En dedans de la ligne pour ne pas être vues de l'ennemi.

50. *Comment reconnaît-on une ronde, de jour ?*

Comme il a été dit au n° 29.

51. *Comment marchent les rondes ?*

Elles marchent sans bruit, lentement,

s'arrêtent pour écouter; elles observent avec soin le terrain parcouru.

Patrouilles.

1. *Qu'appelle-t-on patrouilles?*

Les patrouilles sont de petits détachements composés de trois hommes au moins qu'on envoie au delà des sentinelles doubles.

2. *A quoi servent-elles?*

Elles doivent : 1° explorer le terrain ; 2° observer l'ennemi.

3. *Leur service est-il important?*

Leur service est très important, car on peut dire que, sans les patrouilles, les avant-postes sont toujours exposés à être surpris par l'ennemi.

4. *Que fait le chef qui envoie des patrouilles avant de les faire partir?*

Il les porte sur la ligne des sentinelles pour leur montrer l'ensemble du terrain que les patrouilles vont avoir à explorer, et il leur donne tous les détails qu'il peut connaître tant sur le terrain que sur l'ennemi.

5. *Quel soin doit avoir le chef de patrouille avant de partir ?*

Il doit répéter au chef qui l'envoie les instructions qu'on vient de lui donner, pour s'assurer qu'il les a bien comprises ; il devra même les écrire quand il pourra.

6. *Que fait le chef de la patrouille avant de partir ?*

Il communique à ses hommes le but de sa mission et les renseignements qu'il a recueillis ; il a soin de donner un lieu de ralliement pour le cas où quelques hommes s'égareraient ; il leur donne le mot de ralliement.

7. *Pourquoi le chef de la patrouille donne-t-il ces renseignements ?*

C'est afin que les hommes soient à même de lui faire un compte rendu exact et de pouvoir se retrouver si la patrouille était forcée de se disperser.

8. *A quelle distance vont les patrouilles ?*

Les patrouilles de 3 ou 4 hommes ne s'éloignent guère à plus de 5 à 800 mètres; les patrouilles plus fortes vont jusqu'à 1,200 mètres de la ligne des sentinelles.

Marche des patrouilles.

9. *Dans quel ordre marche une patrouille ?*

Les 3 ou 4 hommes qui la composent marchent les uns derrière les autres ; quand c'est nécessaire, un homme est détaché sur le flanc menacé.

10. *A quelle distance marchent-ils les uns des autres?*

Ils doivent être assez rapprochés pour se voir et se prêter un mutuel appui, mais assez éloignés pour ne pas être tous coupés ou enlevés à la fois dans le cas où ils tomberaient dans une embuscade.

11. *Où doit se tenir le chef de la patrouille?*

Il doit se tenir en tête.

12. *Pourquoi le chef doit-il marcher en tête?*

Parce que c'est seulement là qu'il juge, à mesure qu'on avance, du meilleur chemin à suivre ; s'il n'était pas en tête, il serait à tout moment forcé d'interpeller les hommes devant lui pour leur indiquer la direction, un couvert à utiliser comme poste d'observation, etc.

13. *Mais si le chef marche en tête, n'est-il pas à craindre qu'il soit enlevé par l'ennemi?*

Non, car les hommes qui sont avec lui sont assez près pour le secourir en cas de péril ; et s'il n'était pas en tête, il serait subordonné plus ou moins à ce que ferait l'homme devant lui et il ne serait pas en réalité le chef de la patrouille.

14. *Quel est le point de départ d'une patrouille rampante?*

La patrouille part de la ligne des sentinelles après qu'elle a reçu les renseignements indiqués aux n°s 4 et 6.

15. *Quand les patrouilles sont composées de plus de 4 hommes, comment marchent-elles?*

Elles se couvrent au moyen d'une pointe de 2 ou 3 hommes.

16. *Quelles précautions doivent toujours avoir les hommes en patrouille?*

Ils ne doivent ni causer ni fumer; ils font attention à ce que leurs armes ne fassent aucun bruit en frappant l'une contre l'autre ; ils s'arrêtent de temps en temps pour s'orienter et observer avec soin le terrain.

17. *Comment utilisent-ils le terrain pour cacher leur marche pendant le jour?*

Ils se faufilent le long des haies, dans les chemins creux, dans les ravins ; ils disparaissent dans les bois et vont sur la lisière du côté de l'ennemi pour voir ce qui se passe.

18. *Comment se dirigent-ils pendant la nuit ou le brouillard?*

Ils suivent les chemins creux ou le fond des vallées et s'arrêtent souvent pour mieux entendre.

19. *Que font les patrouilleurs en approchant de l'ennemi?*

Ils redoublent de précaution, placent de temps en temps l'oreille contre le sol pour écouter ; ils s'embusquent dès qu'ils entendent un bruit suspect.

20. *Que font-ils s'ils aperçoivent une troupe en marche?*

Ils se cachent tout en observant l'ennemi ; ils cherchent à connaître la force de la troupe qu'ils voient et, quand c'est possible, un homme va prévenir les avant-postes de ce qu'il a remarqué. On doit avoir soin de ne pas tirer pour ne pas dévoiler qu'on est là quand on est assez près pour que le bruit du coup de feu soit entendu.

21. *Que doit-on faire si une sentinelle ennemie crie en voyant la patrouille?*

Les patrouilleurs s'arrêtent, ne répondent pas ; si l'un des patrouilleurs parle la langue allemande, il tâche de tromper la sentinelle pour permettre à ses camarades de s'approcher de la sentinelle ennemie et de l'enlever.

22. *Dans quel cas les patrouilles doivent-elles tirer sur l'ennemi?*

Quand elles rencontrent l'ennemi en

force, pour tâcher de l'arrêter et avoir le temps d'envoyer prévenir les avant-postes.

23. *Est-il nécessaire qu'un patrouilleur aille prévenir les avant-postes, et les coups de feu ne sont-ils pas suffisants pour cela?*

Non, ce n'est plus suffisant, car avec la nouvelle poudre sans fumée qui fait peu de bruit, les avant-postes n'entendraient pas toujours. Il faut donc envoyer prévenir qu'on rencontre l'ennemi.

24. *Y a-t il un moyen de retarder la marche d'un ennemi nombreux?*

Oui, c'est de se jeter sur un des flancs de l'ennemi, quand c'est possible, et de reculer peu à peu en ayant soin de ne pas se laisser couper.

25. *Les patrouilles doivent-elles revenir par le chemin qu'elles ont suivi au départ?*

Non, sauf le cas de rencontre de l'ennemi en force, parce qu'alors il faut revenir au plus vite pour prévenir.

26. *Quand deux patrouilles françaises se rencontrent, comment se reconnaissent-elles?*

Comme il est prescrit aux sentinelles qui voient venir une troupe.

27. *Que font les chefs de patrouille après s'être reconnus?*

Ils se communiquent leur itinéraire, les nouvelles qu'ils ont apprises et tout ce qu'ils ont observé eux-mêmes.

28. *Que doit faire un chef de patrouille à sa rentrée?*

Il doit rendre compte de sa mission au chef qui l'a envoyé en patrouille.

29. *Sur quoi doit porter ce rapport?*

Sur la configuration du terrain, sur le plus ou moins de vigilance des sentinelles ennemies et, en un mot, sur tout ce qu'il a reconnu.

30. *Dans le cas où le chef de la patrouille n'aurait rien vu d'intéressant, doit-il quand même faire son rapport?*

Le chef de patrouille doit toujours, à sa rentrée, se présenter au chef qui l'a envoyé.

Petites expéditions des patrouilles rampantes.

31. *Comment s'y prend une patrouille qui, pendant le jour, doit fouiller un couvert quelconque ?*

Elle s'en approche le plus possible, en évitant les chemins, jusqu'à un point dominant d'où elle découvre ce qu'elle doit voir. Après qu'elle a vu ainsi l'ensemble du terrain, elle le fouille en détail.

32. *Quand on rentre vers les avant-postes, à quoi doit-on faire attention?*

On observe si, malgré toutes les précautions prises pour ne pas être vu, l'ennemi n'a pas aperçu la patrouille et *ne la suit pas*.

33. *Et si c'est de nuit et par un brouillard épais?*

La patrouille se cache dans le voisinage du couvert à fouiller et écoute pendant quelques minutes pour s'assurer qu'aucun bruit ne lui indique la présence de l'ennemi ; puis elle fouille.

Enclos.

34. *Que fait une patrouille pour fouiller un enclos?*

Elle s'assure d'abord, en avançant avec précaution, qu'aucun ennemi n'est embusqué derrière une des faces de l'enclos; elle s'empare de l'entrée et un des hommes cherche à voir dans l'intérieur. On opère comme il est prescrit au nº 27 du service de marche (maisons).

Chemins creux, ravins.

35. *Pour visiter un chemin creux, un ravin?*

Le chef s'engage dans le chemin creux, pendant que les deux autres hommes, le devançant de quelques pas, suivent le flanc de chacun des escarpements, tout en se dissimulant.

Pont.

36. *Pour visiter et franchir un pont?*

Deux hommes explorent d'abord à droite et à gauche sur la rive la plus proche; puis ils reviennent et on examine le dessous du pont; le chef franchit le pont, les hommes le rejoignent rapidement, le chef reste au bout du pont et les hommes explorent rapidement la rive de l'autre côté.

Bouquet d'arbres.

37. *Pour fouiller un bouquet d'arbres ?*

Deux hommes contournent extérieurement le bouquet d'arbres, chacun d'un côté; quand ils ont quelques pas d'avance, le chef le traverse; les trois hommes, arrivés sur la lisière du côté de l'ennemi, observent les alentours avant de quitter le bouquet d'arbres.

38. *Si une patrouille apprend par un habitant que l'ennemi occupe un point quelconque, doit-elle se contenter de cette déclaration ?*

Non, elle doit s'assurer par elle-même que l'ennemi est présent; elle s'approche suffisamment pour s'en rendre compte avec certitude, tout en se ménageant le moyen de se replier sans être coupée.

Gués.

39. *Qu'appelle-t-on gué?*

C'est un endroit d'une rivière où l'on peut passer sans nager.

40. *Est-il nécessaire de savoir reconnaître l'emplacement d'un gué?*

Oui, parce que les ponts étant généralement surveillés par l'ennemi, on peut tomber sur ses flancs et le tourner en se servant des gués.

41. *Comment les patrouilles reconnaîtront-elles un gué?*

Si en suivant le bord d'un cours d'eau, on remarque des points où aboutissent des chemins et des sentiers, et si on voit dans l'eau des traces de roues, on aura probablement trouvé un gué.

Sentinelles ennemies.

42. *Comment s'y prend une patrouille rampante pour reconnaître les emplacements des sentinelles ennemies?*

La patrouille marche en se cachant avec soin et s'arrête derrière un couvert, à trois ou quatre cents mètres de la ligne où elle suppose les sentinelles ennemies. Après quelques instants, le chef envoie ses deux hommes chacun dans une direction, et il se tient en observation. Les hommes s'avancent en rampant jusqu'à ce qu'ils aient découvert une des sentinelles ennemies.

43. *Que font les deux hommes quand ils ont découvert une sentinelle ennemie ?*

Ils se cachent avec soin et tâchent d'observer l'emplacement des autres sentinelles ennemies, leur nombre, la direction de leur ligne, les points où on pourrait les traverser sans être vu, ainsi que l'emplacement des petits postes. Quand ils ont bien vu tout cela, ils retournent vers leur chef, à qui ils rendent compte.

45. *Comment fait la patrouille pour reconnaître l'emplacement que les sentinelles ennemies vont occuper pendant la nuit ?*

La patrouille se poste avant la fin du jour, de manière à bien voir les sentinelles sans en être vue. Puis, quand elles se retirent, elle les suit pas à pas jusqu'à leurs nouveaux emplacements.

Surprendre et enlever une sentinelle ennemie.

45. *Quel est le temps le plus favorable pour enlever une sentinelle ennemie?*

Le temps de pluie, de brouillard, de grande chaleur.

46. *Quels sont les moments que l'on choisit pour cela?*

Il y a trois moments où l'on peut espérer surprendre les sentinelles ennemies :

1° A la pointe du jour, car l'ennemi se garde mal et est mal éveillé ;

2° Quand la sentinelle ennemie a fait à peu près la moitié de sa faction, car cette sentinelle a moins d'attention et est moins vigilante.

3° Pendant que les postes ennemis mangent.

47. *Quelle est la sentinelle ennemie qu'on cherchera à enlever?*

Celle dont on peut approcher le plus facilement sans être vu.

48. *Comment pourra-t-on souvent opérer pour enlever une sentinelle ennemie?*

Un patrouilleur cherchera à gagner sa ligne de retraite, les deux autres se placeront de façon à achever de cerner la sentinelle ennemie. Ils rétréciront peu à peu le cercle en rampant, et lorsqu'ils ne pourront plus s'avancer sans être découverts, ils se jetteront sur elle au signal donné par le chef de patrouille.

49. *Devront-ils faire feu?*

Non, si c'est possible ; ils tueront la sentinelle si elle résiste.

50. *Mais si l'ennemi accourt ?*

Alors, les patrouilleurs pourront faire feu pour arrêter l'ennemi.

51. *Et si la sentinelle ennemie, avant qu'on ait pu la saisir, criait : « Qui vive! », que ferait-on?*

Si les patrouilleurs en sont assez rapprochés, ils ne doivent pas hésiter à courir sur la sentinelle ennemie au cri qu'elle pousse.

52. *Si l'un des patrouilleurs se rapprochait assez de la sentinelle ennemie pour pouvoir l'atteindre sans être découvert, que ferait-il?*

Il s'élancera sur elle, sans attendre ses camarades. Mais, en général, il vaut mieux que toute la patrouille agisse ensemble.

53. *Si l'ennemi a une de ses sentinelles doubles qui est occupée à fouiller les accidents du sol, que fait-on?*

C'est cette sentinelle volante qu'on tâchera de surprendre au moment où elle ne serait pas vue par son camarade. Si on réussit, on agit ensuite contre ce dernier.

Petits postes de quatre hommes, dits postes à la cosaque.

1. *Dans quels cas emploie-t-on des postes de quatre hommes pour remplacer les sentinelles doubles et les petits postes?*

Lorsque le terrain est tellement fourré,

tellement accidenté que les sentinelles ne peuvent pas communiquer facilement avec les petits postes et les sentinelles voisines.

2. *Quel but doit-on atteindre avec les postes de quatre hommes ?*

C'est de donner à la ligne plus de sécurité et plus de force de résistance.

3. *Par qui sont commandés ces petits postes ?*

Par un caporal ou un soldat de 1re classe.

4. *Comment est installé ce petit poste ?*

Un des hommes est placé en sentinelle simple ; les autres s'assoient et s'embusquent à quelques pas en arrière ; ils observent le plus profond silence.

5. *Comment fonctionne ce petit poste ?*

La sentinelle simple est relevée toutes les heures, le poste toutes les quatre heures.

6. *Y a-t-il d'autres cas où on emploie ces postes de quatre hommes ?*

On peut encore les employer :

1° Lorsque le terrain à surveiller est trop étendu pour que les sentinelles doubles puissent le voir ;

2° Lorsque la troupe de grand'garde arrive trop tard, la nuit, pour placer régulièrement ses avant-postes ;

3° Quand il s'agit de protéger un flanc un peu menacé.

7. *Où s'établissent ces postes?*

Ils s'établissent dans le voisinage des chemins.

8. *Dans ce cas, qui envoie les patrouilles rampantes?*

Ces patrouilles partent de la grand'garde ou de la réserve.

IIe PARTIE

DRESSAGE DU SOLDAT

EN ORDRE DISPERSÉ

I

Utilisation du terrain.

1. *Qu'appelle-t-on utiliser le terrain ?*

Utiliser le terrain c'est se servir de tous les abris ou couverts que le tirailleur rencontre pour faire le plus de mal possible à l'ennemi et s'approcher de lui en s'exposant le moins possible à ses feux.

2. *Quel est le but qu'on doit atteindre quand on est en tirailleurs ?*

C'est d'entamer l'ennemi, de lui faire

subir les pertes les plus considérables et d'assurer le succès en mettant l'ennemi en fuite.

3. *Quels sont les devoirs principaux du tirailleur ?*

1° Voir l'ennemi sans être vu par lui ;

2° Marcher à lui en se servant des abris que présente le terrain ;

3° Ne jamais se placer derrière un obstacle qui empêche de marcher en avant ou de faire feu ;

4° Avoir l'œil sur l'ennemi, sur son caporal et ses voisins.

4. *Combien y a-t-il de sortes d'abris pour un tirailleur ?*

Il y en a de deux sortes :

1° Ceux qui cachent le tirailleur à la vue de l'ennemi, mais n'arrêtent pas ses balles (moissons, haies, cultures, etc.) ;

2° Ceux qui cachent le tirailleur à la vue et aux coups de l'ennemi.

5. *Quel est le meilleur abri pour le tirailleur ?*

C'est celui :

1° Qui le cache à la vue et aux coups de l'ennemi ;

2° Qui lui permet de faire feu dans une position commode ;

3° Qui peut être facilement franchi pour pouvoir se porter en avant.

6. *Comment vous placez-vous derrière un mur, un rocher, un tas de terre ?*

Je me place en arrière de l'extrémité droite, afin de cacher la partie gauche de mon corps.

7. *Comment vous placez-vous derrière la crête d'un plateau ?*

Je me couche un peu en arrière de la crête, de manière à me montrer le moins possible, mais en ayant soin de voir le terrain en avant.

8. *Comment vous placez-vous derrière les petits talus, dans les fossés ou les sillons.*

Je prends la position à genou ou couche.

9. *Comment vous placez-vous à la lisière d'un bois ?*

Quand il y a un petit talus, je me place derrière ce petit talus ; s'il n'y en a pas, je me place un peu en arrière de la lisière, à l'abri des premiers arbres, mais de façon à toujours voir le terrain en avant.

10. *Si vous êtes obligé de vous arrêter en terrain découvert, quelle position prenez-vous?*

Je prends la position debout ou à genou.

11. *Pouvez-vous vous coucher ?*

Non, je ne me couche que quand on m'en donne l'ordre.

12. ***Quelle précaution prenez-vous pour bien tirer étant en tirailleur ?***

Je dois toujours chercher un point d'appui pour mon fusil. Ainsi, derrière un arbre, j'appuie la main ou l'avant-bras gauche sur les branches ou contre le côté droit du tronc.

13. *Comment tirez-vous derrière un mur élevé?*

J'enlève quelques pierres et je tire par le créneau que je fais ainsi.

S'il existe des créneaux trop élevés pour que je puisse les utiliser, je m'organise pour m'élever à la hauteur voulue, soit au moyen d'une échelle, soit en employant des tables, escabeaux ou autres objets à ma portée.

14. *Et si le mur est peu élevé ou bien s'il est très épais?*

S'il est peu élevé, j'en enlève quelques pierres avec mon épée-baïonnette ou un outil portatif et je tire par ce créneau. C'est ce qu'on appelle écrêter un mur.

Si le mur est très épais et en même temps très haut, je construis en arrière avec des planches, des tonneaux, tous les matériaux à ma portée, un échafaudage assez élevé pour me permettre de tirer par dessus après l'avoir écrêté.

15. *Lorsque, dans la marche en avant, vous vous portez d'un point à un autre, que devez-vous faire?*

Je dois me cacher autant que possible, et, s'il y a des couverts, m'en servir pour me défiler.

16. *Pouvez-vous marcher dans la direction que vous voulez?*

Non, je dois me conformer à la direction donnée par le caporal et m'en éloigner le moins possible.

17. *Quand vous traversez un terrain découvert, comment devez-vous marcher?*

Au pas gymnastique.

18. *Pendant cette marche au pas gymnastique, devez-vous baisser la tête?*

Non, car en baissant la tête je n'observe plus l'ennemi.

19. *Si vous suivez une rangée d'arbres, comment faites-vous?*

Je passe vivement d'un arbre à l'autre, en ayant soin de me tenir du côté opposé à l'ennemi.

20. *Comment marchez-vous dans une rue?*

Je longerai de préférence le bord droit, parce que l'ennemi qui se poste à sa gauche me voit moins.

21. *Que faites-vous en arrivant à un carrefour?*

J'observe avec soin les rues voisines.

22. *Si l'ennemi apparaît subitement sur votre flanc, que faites-vous?*

Je ne perds pas la tête, je fais face de ce côté et je fais feu.

23. *Est-il toujours nécessaire de se rallier pour résister à la cavalerie?*

Non, il vaut souvent mieux rester en tirailleurs ou se placer derrière un obstacle.

24. *Et si la cavalerie arrive trop vite sur vous pour que vous ayez le temps de tirer ?*

Je me couche pour laisser passer la charge, puis je me relève et je tire dans le dos des cavaliers.

25. *Quand vous avez affaire à de la cavalerie, où devez-vous viser ?*

Je dois viser le cheval, parce qu'on l'atteint plus facilement, et qu'un cavalier démonté n'est plus bon à grand'chose.

26. *Si le caporal d'escouade vient à disparaître, à qui devez-vous obéissance ?*

Au plus ancien soldat de l'escouade ; car c'est lui qui prend alors le commandement.

II

Règles pour l'exécution des feux.

1. *Quel est le premier devoir du soldat en toutes circonstances, mais particulièrement en ce qui concerne les feux?*

C'est d'observer toujours une *exacte discipline.*

2. *Quand devez-vous charger votre arme ou ne laisser de cartouches dans le canon?*

Seulement au moment de faire feu.

3. *Pouvez-vous ouvrir votre magasin quand vous voulez?*

Non, je ne le fais que sur l'ordre d'un officier ou de mon chef direct.

4. *Quand devez-vous tirer?*

Seulement quand l'ordre en est donné.

5. *Pouvez-vous brûler autant de cartouches que vous voulez ?*

Je ne dois brûler exactement que le nombre de cartouches prescrit et ne pas me laisser entrainer à en brûler davantage.

6. *Pourquoi ?*

Afin de ménager mes munitions pour le moment favorable.

7. *Qu'arriverait-il si vous brûliez toutes vos munitions avant la fin du combat ?*

Je serais à la merci de l'ennemi et mon fusil ne me serait plus d'aucune utilité.

8. *Pourquoi faut-il que le feu soit concentré ?*

Parce que des trouées faites dans la troupe ennemie par un feu concentré l'affaiblissent et le démoralisent, tandis que, au contraire, un feu disséminé est impuissant.

9. *Sur quoi devez-vous tirer ?*

Uniquement sur l'objectif que mon chef m'a indiqué.

10. *Quelles sont les précautions principales que vous devez observer dans le tir?*

C'est de prendre avec soin la hausse prescrite et de viser attentivement.

11. *Que vaut-il mieux, charger vite ou viser vite?*

Il vaut mieux viser lentement, et on rattrape ce temps en chargeant très vite.

12. *Si, en arrivant sur la ligne de tirailleurs, vous ne savez pas la hausse à prendre, que faites-vous?*

Je la demande aux tirailleurs déjà établis.

13. *Quelle partie du but devez-vous viser?*

Le pied du but.

14. *Quand on vous donne l'ordre de cesser le feu, pouvez-vous continuer à tirer?*

Je dois cesser le feu immédiatement, même si je pense que mon feu pourrait faire du mal à l'ennemi.

15. *Si vous êtes en tirailleur isolé, sur qui tirez-vous de préférence?*

Je tire sur les groupes ennemis, sur les officiers, surtout sur ceux qui sont à cheval.

16. *Jusqu'à quelle distance pouvez-vous tirer sur un tirailleur abrité ou couché?*

Jusqu'à 200 mètres.

17 *Sur un homme debout ou à genou?*

Jusqu'à 300 mètres.

18. *Sur un cavalier isolé?*

Jusqu'à 450 mètres.

19. *Sur un but de quatre hommes au moins?*

Jusqu'à 600 mètres.

20. *Quelle hausse devez-vous prendre jusqu'à* 600 *mètres?*

Je dois prendre la hausse de 400 mètres.

21. *Pouvez-vous tirer seul au delà de* 600 *mètres?*

Non, car alors il faut employer des feux

collectifs pour pouvoir faire du mal à l'ennemi.

22. *Qu'appelle-t-on petites distances?*

Les distances de 0 à 600 mètres.

23. *Qu'appelle-t-on moyennes distances?*

Les distances de 600 à 1,200 mètres.

24. *Qu'appelle-t-on grandes distances ?*

Les distances de 1,200 mètres et au delà.

25. *A quelles distances emploie-t-on les feux à volonté et les feux à cartouches comptées?*

Aux moyennes et aux petites distances, c'est-à-dire de 700 à 400 mètres environ.

26. *Quand emploie-t-on les feux rapides coup par coup et à répétition?*

On les emploie aux petites distances et au moment décisif d'une action, mais on peut aussi s'en servir à n'importe quelle distance, chaque fois que l'ennemi présente distinctement des troupes qu'on peut atteindre.

27. *Quand le feu rapide est commencé et que vous êtes derrière un obstacle, devez-vous baisser la tête pour charger ?*

Non, je dois charger en restant dans la même position, parce que, sans cela, mon tir serait moins rapide et moins juste.

28. *Ne pouvez-vous donc vous abriter pendant le tir?*

Non, je ne puis m'abriter qu'autant que cela ne nuira pas à mon tir.

29. *A quoi, étant en tirailleur, devez-vous faire attention par dessus tout ?*

C'est de ne jamais faire feu sans que mon chef ne m'en ait donné l'ordre. C'est une règle absolue.

30. *Où réside la victoire?*

Dans le courage du soldat.

31. *Comment arrive-t-on à battre l'ennemi?*

En prenant l'offensive *quand même.*

32. *N'y a-t-il pas cependant des circonstance où l'on sera forcé de rester sur la défensive?*

Si, mais on ne doit rester que quelque temps sur la défensive, il faut toujours finir par prendre l'offensive.

33. *Ne suffit-il donc pas de tirer sur l'ennemi et de lui occasionner des pertes nombreuses ?*

Non ; le tir n'est qu'un moyen d'arriver jusqu'à l'ennemi ; ce qu'il faut c'est marcher *toujours* et *quand même* — Si nous pouvons arriver à l'ennemi sans tirer un coup de fusil, il est perdu d'avance.

34. *L'offensive n'est-elle pas dans notre caractère?*

L'offensive est absolument dans le caractère français ; c'est notre qualité dominante, et c'est pour ce motif que la victoire doit nécessairement nous revenir un jour.

———

TABLE DES MATIÈRES

Ire PARTIE.

SERVICE EN CAMPAGNE.

IIe PARTIE.

COMBAT EN ORDRE DISPERSÉ.

www.ingramcontent.com/pod-product-compliance
Lightning Source LLC
LaVergne TN
LVHW020030170826
845678LV00001B/208